L'économie par les schémas

Patrick VARD

RL21Editions

Dans la même collection

Le droit par les schémas, Julie Lallier (2015)

Le management des entreprises par les schémas, Patrick VARD (2014)

***L'économie par les schémas,* Patrick VARD, troisième édition.**

Dépôt légal mars 2014

ISBN 978-2-37075-001-3

Avant-Propos

De manière générale, les correcteurs d'examens en économie attendent de la part des candidats la connaissance et la maîtrise d'outils théoriques ainsi que la capacité à conduire une analyse et à la présenter de façon structurée.
Puisque cet ouvrage entend accompagner ces candidats jusqu'à leur examen, ses apports se situent à un double niveau.
D'une part, il s'agit de présenter les principaux concepts théoriques développés en économie pour permettre aux lycéens, étudiants et apprentis de disposer des outils autorisant une analyse complète et riche. D'autre part, il s'agit de leur proposer un outil facilitant la structuration de leur analyse.

Dans cette double optique, les différents apports notionnels sont classés par thèmes, en respectant le programme de l'épreuve d'économie du BTS Tertiaire puisque cet ouvrage se destine en priorité aux candidats à ce diplôme.

Le présent ouvrage est donc organisé autour de 6 thèmes :

- La coordination des décisions économiques par l'échange
- La création de richesses et la croissance économique
- La répartition des richesses
- Le financement des activités économiques
- La politique économique dans un cadre européen
- La gouvernance de l'économie mondiale

Les notions et mécanismes sont ensuite présentés sous la forme de 32 fiches de synthèse reprenant les chapitres des différents thèmes.

La présentation schématique permet d'aller à l'essentiel et facilite la mémorisation. De plus, elle soutient l'ambition de cet ouvrage d'aider les candidats à structurer leur raisonnement.
La présentation sous la forme d'arborescence permet en effet de dégager sur un thème donné les grandes idées à retenir mais également les oppositions ou encore les différents points de vue.

Par ailleurs, le vocabulaire employé dans cet ouvrage cherche à associer justesse conceptuelle et accessibilité au plus grand nombre.

Au-delà d'un outil de révision reprenant différents concepts et mécanismes économiques, cet ouvrage se veut alors un outil d'aide à la construction d'un raisonnement économique et à la compréhension des principaux débats économiques contemporains.

SOMMAIRE

THEME 5 LA POLITIQUE ECONOMIQUE DANS UN CADRE EUROPEEN

THEME 6 LA GOUVERNANCE DE L'ECONOMIE MONDIALE

THEME 1 La coordination des décisions économiques par l'échange

Chapitre 1 L'échange sur les marchés

Schéma 1 Le marché et le prix

Offre
Elle émane des producteurs.

L'offre (O) prend la forme d'une droite croissante : plus le prix est élevé plus les quantités offertes sont fortes.

Demande
Elle émane des consommateurs.

La demande (D) prend la forme d'une droite décroissante : plus le prix est faible plus les quantités demandées sont fortes.

MARCHE
= lieu de rencontre entre l'offre et la demande.

Formation du prix

Sur un marché, le prix retenu appelé « prix d'équilibre » est celui qui maximise les quantités échangées.
Graphiquement, il se situe au croisement des courbes/droites.

Quand le prix s'établit à un niveau différent (cas 1 et 2), le comportement des agents économiques le ramène au niveau du prix d'équilibre.

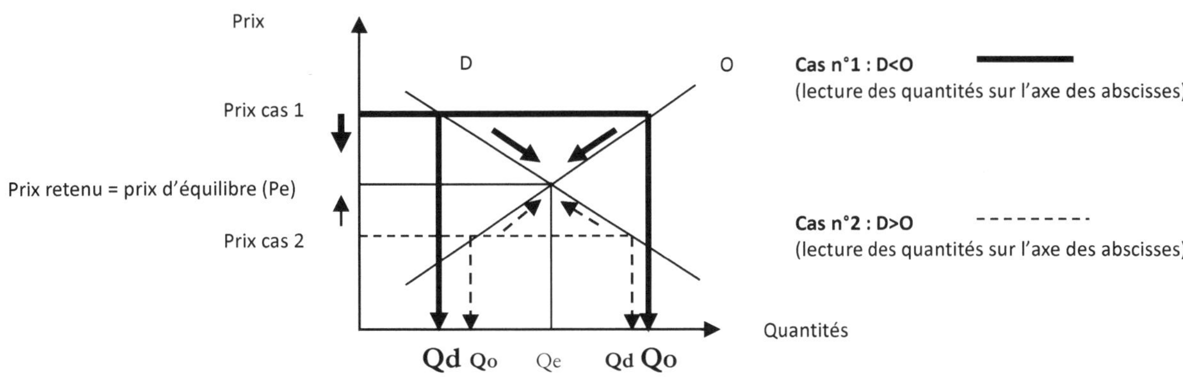

Cas 1 : L'offre est supérieure à la demande (Qo>QD) et le prix supérieur au prix d'équilibre.
Certains offreurs vont accepter de baisser leur prix pour vendre, cela va chasser du marché les offreurs ne pouvant faire de même (Qo baisse), la baisse de prix va attirer de nouveaux clients (demandeurs – Qd augmente).
Il y a donc convergence vers le prix d'équilibre.

Cas 2 : La demande est supérieure à l'offre (Qd>Qo) et le prix inférieur au prix d'équilibre.
Certains demandeurs vont accepter de payer plus cher pour être sûrs d'être servis. Cela va chasser du marché les demandeurs ne pouvant faire de même (Qd baisse), la hausse de prix va attirer de nouveaux producteurs (Qo augmente).
Il y a donc convergence vers le prix d'équilibre.

THEME 1 La coordination des décisions économiques par l'échange

Chapitre 1 L'échange sur les marchés

Schéma 2 Les variations de l'offre et de la demande

Il existe des événements qui vont avoir des conséquences sur l'offre ou sur la demande et de fait sur le prix d'équilibre du marché.

Comme on va se placer ici au niveau de l'économie d'un pays dans son ensemble, le prix apparaissant sur le schéma en ordonnée devient le niveau général des prix de l'économie et les quantités qui apparaissent en abscisse deviennent le niveau de production de l'économie.
Nous pouvons ainsi envisager les conséquences des mouvements de l'offre et de la demande sur le niveau général des prix (NGP) et sur le niveau de production.
Si le NGP augmente on a de l'inflation, s'il baisse de la déflation.
Si la production augmente, c'est de la croissance économique, si elle baisse une récession économique.
Les mouvements de l'offre et de la demande s'appellent des chocs, ils peuvent être positifs ou négatifs.

Chocs d'offre

Choc positif
C'est un événement autre qu'une variation du prix qui affecte positivement les offreurs (baisse du coût de l'énergie, baisse des impôts et charges, hausse de la productivité, etc.)

Choc négatif
C'est un événement autre qu'une variation du prix qui affecte négativement les offreurs (hausse du coût de l'énergie, hausse des impôts et charges, baisse de la productivité, etc.)

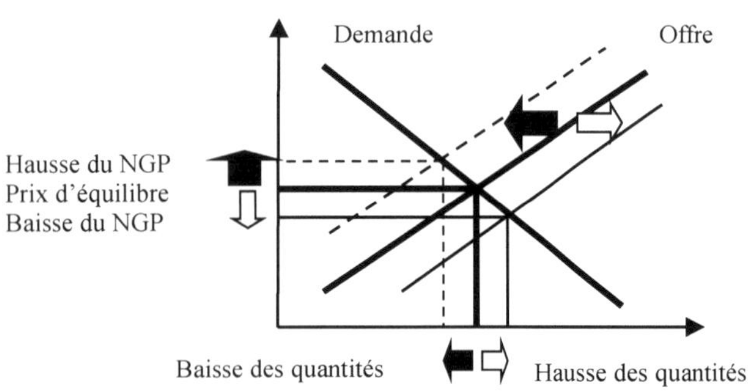

Le choc positif se traduit par un déplacement de la droite d'offre vers la droite et donc par un nouvel équilibre traduisant une baisse du NGP (déflation) et une hausse des quantités produites (croissance).

Le choc négatif se traduit par un déplacement de la droite d'offre vers la gauche et par de l'inflation ainsi qu'une récession économique.

Chocs de demande

Choc positif
C'est un événement autre qu'une variation du prix qui affecte positivement les demandeurs (hausse du salaire, baisse des impôts sur le revenu ou de la TVA, etc.)

Choc négatif
C'est un événement autre qu'une variation du prix qui affecte négativement les demandeurs (baisse du salaire, hausse des impôts sur le revenu ou de la TVA, etc.)

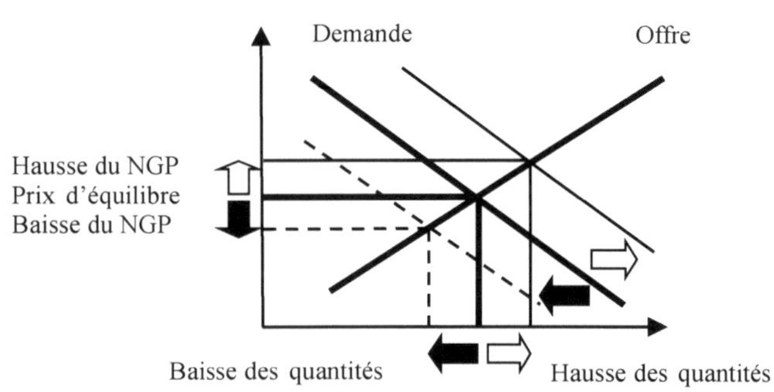

Le choc positif se traduit par un déplacement vers la droite de la droite de demande et donc un nouvel équilibre avec inflation et croissance économique

Le choc négatif se traduit par un déplacement vers la gauche de la droite et donc un nouvel équilibre avec déflation et récession économique

THEME 1 La coordination des décisions économiques par l'échange

Chapitre 1 L'échange sur les marchés

Schéma 3 La monnaie dans l'échange

Initialement les individus échangeaient des biens contre d'autres biens, c'est le système du **TROC**
Pour exister, il nécessite une double concordance des besoins : ce que vous avez, doit m'intéresser et ce que j'ai, doit vous intéresser. Or cette double concordance génère des coûts :

Coûts de transaction
= c'est le temps perdu, les efforts consentis pour arriver à faire l'échange (trouver la bonne personne).

Coûts d'attente
= coûts liés au stockage du produit et risque de voir celui-ci se périmer si l'échange n'est pas immédiat.

Pour éviter ces coûts la monnaie est apparue, elle a 3 fonctions :

La monnaie sert à échanger, elle est **intermédiaire des échanges**.

La monnaie sert à compter, elle est **unité de compte**.

La monnaie sert à épargner, elle est **réserve de valeur.**

La monnaie revêt aujourd'hui trois formes :

Monnaie Fiduciaire
= les billets + les pièces.

Monnaie Scripturale
C'est la monnaie disponible sur le compte des agents économiques non financiers qu'on va faire circuler par écriture (chèque, CB, virement, TIP, etc.)

Monnaie Electronique
Il s'agit des sommes stockées sur un support électronique (par exemples des cartes prépayées ou des serveurs pour la cyber-monnaie) non lié à un compte bancaire.

La quantité de monnaie dans l'économie s'appelle la masse monétaire ; elle est mesurée par 3 agrégats M1, M2 et M3 et influence l'économie. En effet :

S'il y a trop de monnaie
Les individus sont plus riches donc consomment davantage et si l'offre ne peut pas suivre ce sont les prix qui augmentent (inflation).

S'il n'y a pas assez de monnaie
Les individus ne pourront plus consommer, de plus les crédits seront plus chers (car la monnaie sera rare) donc moins demandés. Au final on aura moins de consommation et moins d'investissement donc un ralentissement économique.

Il faut donc mesurer et contrôler la quantité de monnaie en circulation dans l'économie pour qu'il n'y en ait pas trop et pas trop peu : c'est à la Banque Centrale de le faire.

THEME 1 La coordination des décisions économiques par l'échange

Chapitre 1 L'échange sur les marchés

Schéma 4 L'Etat et le fonctionnement du marché

Dans certains cas, le marché se montre défaillant, incapable de fonctionner correctement. C'est le cas pour …

La production de biens publics c'est-à-dire des biens :

- que plusieurs individus peuvent consommer en même temps sans que le fait que l'un les consomme empêche les autres de le faire (on dit qu'ils sont non-rivaux) ;
- et dont l'accès ne peut être interdit à certains consommateurs notamment ceux qui refuseraient de payer pour cet accès (on dit qu'ils sont non-exclusifs).

Puisque toute personne refusant de payer ne pourra être exclue de l'accès au bien, personne n'acceptera de payer pour cet accès.
Dans ces conditions, aucune entreprise n'acceptera de produire ce bien, donc il n'y aura pas d'offre et donc pas de marché.

Les biens générant des externalités

Une externalité est un dommage causé à autrui (externalité négative) ou un service rendu à autrui (externalité positive) sans contrepartie monétaire, sans paiement (on oublie souvent cette dernière partie dans la définition).

Puisqu'il n'y a pas de contrepartie monétaire, les producteurs générant des externalités positives ne sont pas incités à continuer à les produire : il n'y a donc pas d'offre donc pas de marché.

De plus les producteurs générant des externalités négatives sont incités à continuer à le faire (puisqu'ils ne paient pas pour le tort qu'ils causent) ce qui est mauvais pour la société.

Puisque le marché est défaillant c'est à l'Etat de le suppléer :

L'Etat **produit les biens publics** que le marché ne peut pas produire **(ou paie des entreprises privées pour le faire)** grâce au fait qu'il a le pouvoir de faire payer les individus (même ceux qui ne le voudraient pas) par l'impôt.

L'Etat **incite les producteurs** générant des externalités positives (donc bonnes pour la société) à continuer à le faire en les subventionnant et incite les producteurs d'externalités négatives à cesser de l'être en les taxant.

Par ailleurs, **l'Etat fixe les règles** du jeu du marché :

Il contrôle la concurrence (il sanctionne par exemple les ententes des producteurs / distributeurs sur les prix).

Il s'assure que tous les participants au marché aient accès à l'information sur les prix, les produits … On dit qu'il assure la transparence de l'information.
En cas d'absence de transparence, il y a asymétrie d'information (tous les participants n'ont pas la même information) ce qui provoque une défaillance du marché car celui-ci sera délaissé par les intervenants les moins informés (ils auront peur de se faire «avoir» par les mieux informés).

THEME 1 La coordination des décisions économiques par l'échange

Chapitre 2 La dimension internationale de l'échange

Schéma 5 L'ouverture des économies

Ouverture des économies
= la capacité de celles-ci à échanger avec les autres, c'est-à-dire à vendre (exportations) et à acheter (importations) à l'extérieur du pays. Elle s'apprécie :

au niveau global

Par le taux d'ouverture (sur l'extérieur). On calcule le ratio : ([(exportations+importations)/2] /PIB)x100.

Plus le taux est élevé plus le pays est ouvert sur l'extérieur.

au niveau géographique

Par le calcul de la part du commerce réalisé avec tel pays ou telle zone dans le total du commerce du pays.
Par exemple la France réalise plus des 2/3 de ses importations et exportations avec les pays de l'Union européenne.

au niveau sectoriel

Par l'analyse des secteurs d'activités pour lesquels les exportations > importations et ceux pour lesquels exportations < importations.
On calcule le taux de couverture (X/M)x100. Le pays peut être satisfait quand le résultat est >1. Un tel ratio peut aussi être calculé par pays.

Ces opérations sont enregistrées comptablement dans **la balance des paiements.**
Celle-ci enregistre les échanges entre les unités résidentes (les entreprises mais aussi les ménages) d'un pays et le reste du monde.

On distingue **3 comptes** dans la balance des paiements (et un poste erreurs et omissions).

Compte des transactions courantes

Il enregistre les entrées c'est-à-dire les importations (M) et les sorties c'est-à-dire les exportations (X) de biens, de services, de revenus primaires (revenus liés à la propriété ou à la production) et de revenus secondaires (transferts d'argent entre résidents et non-résidents).

Compte de capital

Il enregistre les exportations et les importations d'actifs non-financiers (brevets, etc.)

Compte financier

Il enregistre les entrées et les sorties de capitaux qui correspondent notamment à :

- des **investissements directs** (acquisitions de terrains, locaux pour s'implanter à l'étranger ou de parts d'entreprises à l'étranger afin d'influencer durablement leur gestion, etc.)
- ou à des **investissements de portefeuille** (achats de parts d'une entreprise dans un but spéculatif, c'est-à-dire pour revendre ces parts plus chères ultérieurement).

THEME 1 La coordination des décisions économiques par l'échange

Chapitre 2 La dimension internationale de l'échange

Schéma 6 L'interprétation des soldes

L'analyse des échanges réels (par opposition aux échanges monétaires et financiers) d'une Nation passe par **l'analyse de son compte des transactions courantes :**

Il va s'agir de calculer des soldes ayant un sens :

Le solde commercial

= c'est la différence entre les exportations et les importations de biens d'un pays.

Si le solde est positif, cela signifie que le pays a plus exporté qu'importé, c'est un excédent commercial.

S'il est négatif c'est qu'il a plus importé qu'exporté, c'est un déficit commercial.

Le solde des transactions courantes ou solde courant

= c'est la différence entre les exportations et importations de biens, de services, revenus de facteurs (salaires et dividendes versés par le reste du monde et au reste du monde) et transferts courants.

Si le solde est positif, c'est un excédent, s'il est négatif c'est un déficit.

Interprétation des soldes

A priori un **solde déficitaire (négatif)** est plutôt une mauvaise chose pour nos entreprises et donc notre économie : moins de ventes et plus d'achats à l'étranger signifient moins de production nationale donc moins d'emplois et de croissance.

Toutefois si le déficit est ponctuel et correspond à des investissements qui rapporteront ultérieurement, il peut être acceptable (par exemple une entreprise achète à l'étranger des machines pour moderniser ses usines).

A priori un **solde excédentaire (positif)** est une bonne chose, nos entreprises ont produit et vendu et ce non seulement à l'étranger puisque nos exportations sont fortes mais aussi sur notre territoire puisque nos importations sont faibles.

Toutefois, si l'excédent est dû davantage à de faibles importations qu'à de fortes exportations, ce n'est pas une bonne nouvelle car cela signifie que les Français n'ont pas d'argent pour consommer, on dit que la demande intérieure est faible.

THEME 1 La coordination des décisions économiques par l'échange

Chapitre 2 La dimension internationale de l'échange

Schéma 7 Le taux de change

Le commerce international implique des échanges de devises (monnaies étrangères).

Pour obtenir une quantité de monnaie étrangère, il faut offrir en contrepartie une certaine quantité de monnaie nationale.
La quantité de monnaie étrangère obtenue en échange d'une unité de monnaie nationale correspond au **taux de change** (ex : 1 euro = 1.3012 dollar).

Le taux de change est ainsi le prix d'une monnaie exprimée en une autre. Il est déterminé par la rencontre de l'offre et de la demande de cette monnaie sur le marché des changes (le FOREX).

Plus la demande d'une monnaie augmente par rapport à l'offre plus son prix (son taux de change) augmente et inversement.
Quand on passe d'un taux de change 1 euro = 1,10 dollar à 1 euro = 1,20 dollar c'est l'euro qui s'apprécie, qui « monte » et le dollar qui se déprécie, qui « baisse ».

Le taux de change influence les décisions des agents économiques

Les décisions de consommation

Si le **taux de change de l'euro diminue**, les importations (M) vont coûter plus cher et les exportations (X) coûtent moins cher. Les M vont diminuer et les X augmenter ce qui est bon pour notre économie.

Si **le taux de change de l'euro augmente**, les importations coûtent moins cher (donc vont augmenter) et nos exportations coûtent plus cher (donc vont diminuer). Donc risque de déficit commercial accru.

Les décisions de production

Si **le taux de change de l'euro augmente**, nos exportations coutent plus cher donc elles risquent de diminuer.

Pour éviter ces difficultés à exporter nos entreprises peuvent être tentées de **se délocaliser** dans d'autres pays ce qui crée du chômage chez nous.

Les décisions d'épargne

Placer son épargne dans un autre pays où les taux d'intérêt (ce que rapporte l'épargne) sont plus élevés que dans notre pays peut être intéressant.

Toutefois pour cela il faut convertir notre monnaie dans la monnaie du pays où on veut placer son épargne puis refaire une conversion à la fin de la période de placement.

Or à cette occasion on peut faire des pertes qui peuvent s'avérer supérieures aux gains en intérêts du placement.

Dans une opération d'épargne il faut donc s'intéresser aux taux d'intérêt mais également aux anticipations de taux de change.

Tout cela dépend évidemment de la **sensibilité des M et X aux prix (élasticité)**. Ainsi si nos clients étrangers sont peu sensibles à l'argument prix de nos exportations, ils continueront à acheter même si les prix augmentent.

THEME 1 La coordination des décisions économiques par l'échange

Chapitre 2 La dimension internationale de l'échange

Schéma 8 Les fondements de l'échange international

L'échange international s'explique par la **théorie des avantages comparatifs** (développée par D. Ricardo en 1817).

Chaque pays doit se spécialiser dans « ses points forts », dans les domaines dans lesquels il est, comparativement aux autres domaines, avantagé.

Il produit donc plus et vend le surplus aux autres pays (qui ont fait la même chose).

Ricardo montre que cela se traduit par une hausse de la production mondiale (= croissance mondiale) et un gain pour tous les pays.

La théorie HOS énonce que les avantages comparatifs s'expliquent par la dotation en facteurs de production (= **quantité** de facteurs de production possédée).
La quantité de travail, de capital ou de terre que possède un pays lui donne un avantage comparatif.

Léontief explique que l'avantage comparatif provient de la quantité de facteurs de production possédée mais aussi de leur **qualité** (leur productivité).

La théorie des avantages comparatifs explique certains aspects du commerce mondial contemporain mais échoue à le faire pour certains autres. Ceux-ci sont donc expliqués par de nouvelles théories.

Le commerce intrabranche est une caractéristique actuelle du commerce international non expliquée par la théorie traditionnelle.

Il correspond au commerce de produits similaires, issus de la même branche industrielle (les entreprises françaises vendent des voitures en Allemagne et vice versa).

Le commerce intrabranche s'explique par **la demande de différence** : bien qu'appartenant à la même branche les produits d'importation sont différents (une Renault est différente d'une Audi) donc demandés.

Les échanges intrafirmes c'est-à-dire entre les différentes filiales et la maison mère d'une firme multinationale ne sont pas expliqués par la théorie ricardienne.

Les échanges intrafirmes s'expliquent par le développement des **firmes multinationales** qui pratiquent la **DIPP (division internationale du processus de production)** = «éclatement» de la production sur toute la planète.

L'existence d'économies d'échelle (baisse des coûts unitaires de production liée à l'augmentation des quantités produites) invalide aujourd'hui la théorie des avantages comparatifs.

Plus besoin d'un avantage comparatif pour se spécialiser, il suffit de choisir un domaine de spécialisation et la mise en œuvre d'économies d'échelle (qui permet de diminuer les coûts unitaires de production) donnera un avantage au pays concerné.

THEME 2 La création de richesses et la croissance économique

Chapitre 1 Les finalités de la croissance

Schéma 9 Les finalités de la croissance

La richesse d'une Nation est mesurée par le produit intérieur brut (PIB). Celui-ci correspond à :

- la somme des valeurs ajoutées par les unités résidentes sur le territoire (+ les impôts sur les produits - les subventions),
- mais également à la somme des emplois finaux intérieurs de biens et services (consommation finale effective, FBCF (c'est l'investissement) et variations de stocks) + les exportations – les importations,
- et enfin il correspond à la somme des revenus distribués aux agents économiques (rémunération des salariés, des entreprises et de l'Etat nettes des subventions).

La **croissance économique** correspond à l'accroissement de la richesse créée par une nation c'est-à-dire l'accroissement du PIB d'une année sur l'autre.

Le but de la croissance économique est d'augmenter **le niveau de vie des habitants** mesuré par le PIB par habitant (PIB/nbre d'habitants) et par des références à la consommation (taux d'équipement en ordinateur, véhicules, etc.)

Il y a **interdépendance** entre croissance et développement économique.
La croissance économique doit avoir pour finalité un développement quantitatif mais également qualitatif de la Nation et en retour ce développement économique posera les bases d'une croissance solide.

Toutefois la croissance économique ne rend pas toujours compte de tous les aspects de la richesse et notamment de son partage.
La notion de **développement économique** peut traduire l'usage fait de la richesse.
Il se définit comme un processus de long terme, en partie quantitatif mais surtout qualitatif, de transformation des structures économiques, démographiques, sociales ou encore culturelles d'une nation donnée.
Il est souvent mesuré par l'**Indicateur de Développement Humain (IDH)**.
Celui-ci est compris entre 0 et 1 (plus la Nation se rapproche de 1 mieux c'est), et intègre des éléments relatifs au/à l':

- **Niveau de vie**
- **Espérance de vie**
- **Education**

L'étude de l'impact de la croissance sur la société doit intégrer le développement futur et outre les aspects économiques, les aspects environnementaux et sociaux : on parle alors de **développement durable**.
Le développement durable est un développement qui répond aux besoins des générations actuelles sans remettre en cause la capacité des générations futures à satisfaire les leurs.
Il s'appuie sur **3 piliers** :

- **Economique**
  Il s'agit d'être rentable, performant économiquement.
- **Social**
  Il s'agit d'œuvrer pour le bien-être des individus.
- **Environnemental**
  Il s'agit de préserver l'environnement.

THEME 2 La création de richesses et la croissance économique

Chapitre 2 La dynamique de la croissance

Schéma 10 Les facteurs de croissance

Croissance économique
= hausse du produit intérieur brut (PIB), c'est-à-dire de la richesse produite sur une période donnée.

3 facteurs y contribuent :

Le facteur capital (ou capital technique)

= c'est l'ensemble des biens qui entrent dans le processus de production soit en étant utilisés de façon durable (capital fixe, machines, outils, etc.) soit en étant détruits ou profondément transformés (capital circulant : matières premières, énergie, etc.)

Le facteur travail

= ensemble des capacités physiques et intellectuelles que les hommes mettent en œuvre pour produire les biens et services nécessaires à la satisfaction de leurs besoins.

Le progrès technique

= c'est l'ensemble des innovations dans les moyens et méthodes de production, l'organisation du travail, les produits et des marchés ou encore dans les structures de l'économie.

La croissance peut s'obtenir avec :

Davantage de travail (c'est-à-dire davantage de travailleurs) **ou davantage de capital** (davantage de machines, d'usines …).

On parle alors de **croissance extensive**.

Un travail plus performant (avec des travailleurs mieux formés par exemple) **ou un capital plus performant** (des machines plus modernes par exemple).

On parle alors de **croissance intensive**.

La performance des facteurs de production (le travail et le capital) se mesure par leur **productivité.**

La productivité du travail correspond à la richesse créée par heure travaillée.

La productivité du capital correspond à la quantité de richesse créée par euro investi.

2 origines envisagées :

Origine exogène

Selon les néo-classiques le progrès technique **exogène**, est une « manne tombée du ciel » par hasard, par chance et non déterminée par le comportement des acteurs économiques.

Origine endogène

D'autres économistes le considèrent comme **endogène** : il résulte de la volonté et des efforts des agents économiques qui voient dans ces innovations une opportunité de profit. Il s'agit :

Des entreprises
qui par leurs investissements (par ex. en R&D) contribuent aux innovations.

Des individus
qui y contribuent aussi par leur investissement dans des formations.

De l'Etat
par ses investissements (services, infrastructures…)

THEME 2 La création de richesses et la croissance économique

Chapitre 2 La dynamique de la croissance

Schéma 11 Les firmes multinationales dans l'économie mondiale

Une firme multinationale est une firme constituée d'une maison-mère et de filiales (entreprise dont la maison-mère détient au minimum 50% du capital) qui fabriquent la totalité ou une partie d'un produit à l'étranger.

↓

Les firmes multinationales réalisent des :

Investissements directs à l'étranger (IDE)

Un IDE correspond à une situation où

- une entreprise achète des terrains, des bâtiments ... pour créer, pérenniser ou développer une filiale à l'étranger
- et/ou une entreprise achète plus de 10% du capital d'une entreprise étrangère.

La logique est industrielle : l'acquéreur entend peser sur la gestion de l'entreprise acquise et gagner de l'argent grâce à l'activité de cette dernière.

Investissements de portefeuille

C'est une situation dans laquelle une entreprise rachète moins de 10% du capital (ses actions) d'une entreprise étrangère.

La logique est purement financière : il s'agit d'acheter des actions pour les revendre plus cher plus tard.

↓ (IDE)

Les IDE ont un impact sur la croissance des pays d'origine comme sur celle des pays d'accueil.

Bénéfices pour les pays d'accueil

- Les IDE représentent **un investissement** qui est une composante de la demande. Si l'investissement augmente, la demande et la **croissance** vont augmenter.
- De plus les IDE permettent l'accroissement des capacités de production donc stimulent **l'emploi et la croissance.**
- Les IDE représentent enfin un **accès à de nouvelles technologies** ; les pays d'accueil profitent "gratuitement" du progrès technique.

Bénéfices pour les pays d'origine

Les effets sont plus ambigus.

Les délocalisations se traduisent par une **diminution de l'emploi** mais peuvent avoir des effets positifs en générant des **exportations pour le pays d'origine et une demande supplémentaire** en provenance du pays d'accueil de l'IDE.
Les délocalisations sont aussi parfois l'occasion de se débarrasser d'activités polluantes ou socialement peu valorisantes.

THEME 3 La répartition des richesses

Chapitre 1 Les inégalités entre les agents et les Nations

Schéma 12 La répartition des richesses

La répartition des richesses se fait en 2 temps :

1er temps : La répartition primaire
La valeur ajoutée créée par les entreprises est partagée entre ceux qui l'ont directement créée :

- **L'Etat** qui fournit les infrastructures.
- **L'entreprise et ses actionnaires** qui fournissent le capital.
- **Les salariés** qui fournissent le travail (main d'œuvre).

2d temps : La redistribution
L'Etat prélève de l'argent aux agents économiques et le redistribue.

D'une manière générale, le processus de répartition est inégalitaire, on constate des :

Inégalités entre individus

Certains individus sont plus riches que d'autres.

Cela tient notamment à des **différences de salaires**, elles-mêmes dues à des différences de productivité, au pouvoir des syndicats, à la mondialisation, à la volonté des entreprises, à l'intervention de l'Etat, au progrès technique ou encore à la rareté des qualifications.

Cela tient également à des **différences de patrimoine** qui génèrent des différences de revenus du patrimoine.

Inégalités entre Nations
On distingue :

- Les **pays du Nord**, ce sont les pays riches, développés (PIB par habitant élevé, IDH>0.8).
- **Les pays du Sud** : groupe de pays dont certains sont proches des pays développés et d'autres très éloignés (PMA : pays les moins avancés).

Les inégalités se situent entre ces deux groupes de pays mais également entre les pays au sein d'un même groupe et même entre différentes régions au sein d'un même pays.

Ces inégalités se mesurent par les indicateurs suivants :

Les rapports ou les écarts interquantiles
On classe une population par revenus croissants puis on la divise en groupes de taille identique et enfin on regarde à partir de quel revenu on change de groupe. Le rapport D9/D1, c'est à dire le revenu qui nous fait atteindre le groupe des 10% les plus riches, divisé par le revenu qui nous fait quitter le premier groupe, celui des 10% les plus modestes, est l'un des plus utilisés pour mesurer les inégalités.

La courbe de Lorenz
C'est une courbe arrondie sous la bissectrice. Plus la courbe est arrondie plus le pays concerné est inégalitaire.

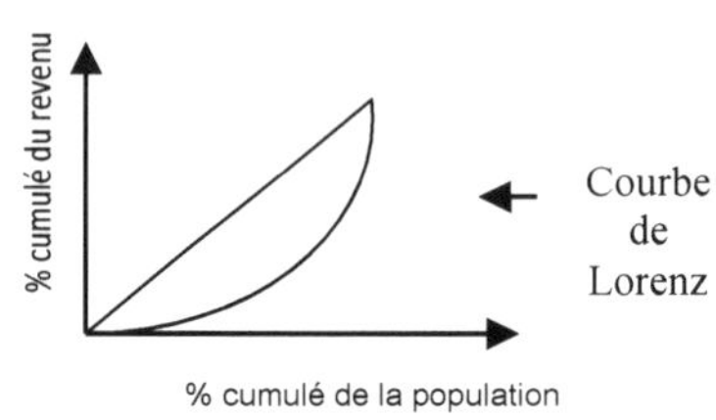

L'indice de Gini
C'est un indicateur compris entre 0 et 1.

Plus l'indicateur calculé pour une Nation est proche de 1 plus les inégalités y sont fortes.

THEME 3 La répartition des richesses

Chapitre 2 La redistribution des revenus

Schéma 13 La redistribution : objectifs et instruments

La redistribution regroupe l'ensemble des opérations par lesquelles l'Etat modifie la répartition primaire des revenus en effectuant des prélèvements obligatoires et en réalisant des transferts sociaux.

Trois objectifs

Soutenir la consommation, source de croissance.
La redistribution doit permettre aux plus modestes de consommer davantage, ce qui va inciter les entreprises à produire davantage et donc générer de la croissance économique.

Réduire les inégalités
pour garantir la cohésion sociale qui est un facteur de croissance économique.

Garantir une protection collective
contre les risques sociaux ou situations générant une perte de revenu (chômage, vieillesse, maladie, maternité…).
Chacun contribue à un vaste « pot commun » et reçoit si les risques se réalisent.

La redistribution s'appuie sur 3 instruments

La protection sociale

Elle représente les institutions et mécanismes qui garantissent des ressources aux personnes ayant à faire face aux risques sociaux (maladie, accident, chômage) ou à des situations particulières conduisant à une perte de revenus (maternité, vieillesse).

Elle permet la réduction des inégalités verticales (entre les plus modestes et les plus aisés) et horizontales (sur d'autres critères que le revenu ; entre familles avec enfants et familles sans par exemple).

Elle obéit à une triple logique :

L'assurance
Les bénéficiaires s'ouvrent des droits en fonction de leurs cotisations préalables.
Ex : Indemnités chômage.

L'assistance
La perception par les bénéficiaires n'est pas liée à une cotisation mais dépend du revenu.
Ex : RSA.

La protection universelle
La perception n'est ni liée à une cotisation ni à un niveau de revenu, elle est la même pour tous.
Ex : Certaines prestations familiales.

Les services publics

Un service public est une activité exercée directement par l'autorité publique (Etat, collectivités territoriales) ou sous son contrôle, dans le but de satisfaire un besoin d'intérêt général (éducation, santé, etc.)

Les services publics réduisent les inégalités dans la mesure où ils permettent aux plus modestes d'accéder gratuitement ou quasi gratuitement à certaines consommations (éducation, logement, etc.)

La fiscalité

Elle concerne les impôts : ceux-ci sont prélevés essentiellement par l'Etat et les collectivités locales (communes, départements, régions).

On distingue :
les impôts forfaitaires dont les montants sont invariants,
les impôts proportionnels qui se calculent en appliquant un taux constant quel que soit le montant imposable (ex : impôt sur les sociétés ou TVA)
et **les impôts progressifs,** pour lesquels le taux de prélèvement augmente avec le revenu ou le patrimoine déclaré (ex : impôt sur le revenu).

Les impôts qui contribuent à réduire le plus les inégalités sont les impôts progressifs.

THEME 3 La répartition des richesses

Chapitre 2 La redistribution des revenus

Schéma 14 La redistribution : légitimité et évolution

Des ultra-libéraux américains aux interventionnistes, les économistes s'opposent sur le bien-fondé de la redistribution :

Ses partisans mettent en avant l'atteinte de ses objectifs :

- la redistribution réduit les inégalités et favorise la justice sociale. Elle est ainsi un facteur de cohésion sociale qui peut contribuer à attirer les investisseurs dans le pays concerné.
- de plus elle a un effet bénéfique sur le capital humain (santé, espérance de vie, instruction …) ce qui permet une meilleure productivité donc de la croissance.
- enfin elle contribue à soutenir la consommation, source de croissance économique.

Ses opposants affirment :

- qu'elle décourage le travail et la recherche d'emploi (théorie du job search) : pourquoi travailler ou rechercher un emploi si l'on est indemnisé quand on est au chômage ?
- qu'elle encourage la fuite des cerveaux et des capitaux, ceux-ci préférant se délocaliser dans des pays où la pression fiscale est plus légère.
- que la désincitation au travail et l'incitation à la fuite vont générer des rentrées fiscales plus faibles pour l'Etat. A. Laffer l'a résumé par la formule « Trop d'impôt tue l'impôt ».

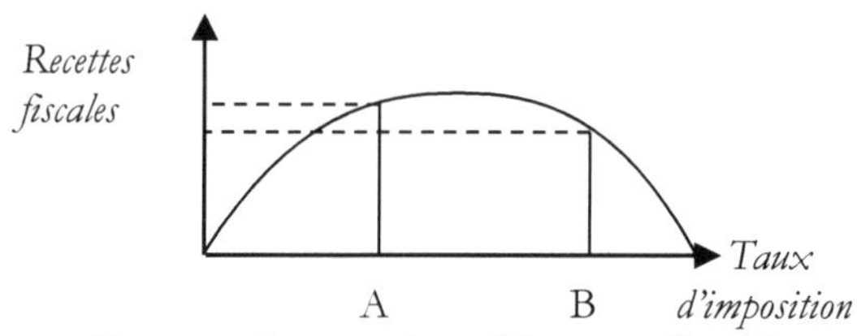

Lecture : Le taux de prélèvement B – bien que plus élevé que le A – rapporte moins à l'Etat

- que les prélèvements obligatoires (les impôts appelés prélèvements fiscaux et les cotisations sociales appelées prélèvements sociaux) pesant sur les entreprises pénalisent leur compétitivité-prix.

La situation de la redistribution en France est celle d'une protection sociale accumulant les déficits.
Son avenir passe par :

une maitrise des dépenses

Il peut s'agir du développement des médicaments génériques, du déremboursement de certains médicaments, de la hausse de l'âge de départ à la retraite, de la lutte accrue contre le travail dissimulé…

une hausse des recettes

Il peut s'agir de hausses des prélèvements sociaux sur les revenus du capital, de taxes sur le tabac et l'alcool, de hausses des cotisations ou encore de la hausse de l'âge de départ à la retraite …

THEME 4 Le financement des activités économiques

Chapitre 1 Les différentes modalités de financement

Schéma 15 Les modalités de financement

Lorsqu'un agent (une entreprise par exemple) a besoin de financement c'est-à-dire qu'il est à la recherche de fonds pour continuer ou développer son activité économique, il dispose de deux possibilités pour accéder à ces sommes, on parle de modalités ou de **circuits de financement.**

Le financement interne ou autofinancement

L'agent à besoin de financement (ABF) fait appel à sa propre épargne mise en réserve les années précédentes.

Conditions d'utilisation :

Il faut évidemment disposer de telles sommes et convaincre les actionnaires qu'un tel emploi est préférable à une distribution de dividendes.

De plus il faut envisager la perte des intérêts que les sommes placées rapportaient et qu'elles ne rapporteront plus si elles sont utilisées.

Le financement externe

L'ABF fait appel à d'autres agents économiques pour lui apporter les fonds dont il a besoin.

2 possibilités

Le financement externe direct

Il se déroule sur les **marchés de capitaux** et est assuré par les agents non financiers (ménages, entreprises…)

Ces derniers, en acquérant les titres émis par les ABF (actions, obligations etc.), mettent à leur disposition leurs fonds prêtables.

Le financement externe intermédié (ou indirect)

Il est assuré par des institutions financières (les banques).

Le crédit bancaire

Elles accordent des prêts aux ABF.

L'intermédiation de marché

Elles acquièrent (sur le marché des capitaux) les titres que les ABF émettent.
Ce financement est dit intermédié bien qu'ayant lieu sur le marché des capitaux parce qu'il est pratiqué par des intermédiaires financiers.

2 types de marchés de capitaux

Le marché monétaire

C'est le marché du court/moyen terme.

Il est composé du **marché interbancaire** réservé aux banques et du **marché des titres de créances négociables** ouverts à tous.

Le marché financier (la Bourse)

C'est le marché du financement de long terme par l'intermédiaire des titres financiers appelés valeurs mobilières, principalement des actions et des obligations.

THEME 4 Le financement de l'économie

Chapitre 2 Le marché financier et son rôle économique

Schéma 16 Le marché financier et ses fonctions

Le marché financier est le marché des capitaux à long terme (qu'on prête ou emprunte a priori pour plusieurs années). Il se compose de deux compartiments.

Le marché primaire

= c'est le marché sur lequel sont émis les nouveaux titres (actions, obligations…) à l'occasion :

- d'une **introduction en Bourse** (une entreprise décide de vendre pour la première fois ses actions pour récupérer des fonds)
- ou d'une **augmentation de capital** (une entreprise émet de nouvelles actions en plus de celles qui existent déjà).

Le marché secondaire

= c'est le marché sur lequel se négocient les titres déjà émis, c'est en quelque sorte le marché des « titres d'occasion ».

Un agent économique qui a acheté des titres peut vouloir les revendre à tout moment, il ne s'adresse pas à l'entreprise qui les a émis mais les vend à un autre agent qui va estimer que ce placement est intéressant.

Fonctions économiques

Le marché primaire permet aux entreprises de **financer leurs investissements** en attirant l'épargne des ACF par l'émission de titres (actions ou obligations).

Une action est un **titre de propriété** représentant une partie du capital de l'entreprise. En contrepartie des fonds qu'il apporte à l'ABF, l'acquéreur d'une action obtient un droit de vote lors des assemblées générales d'actionnaires et le droit à une partie des bénéfices distribués (les dividendes).

Une obligation est un **titre de créance**, qui représente une partie d'un emprunt émis par l'entreprise.
Il confère le remboursement des sommes prêtées et le versement d'intérêts.

Le **marché secondaire** assure **la liquidité des titres** c'est-à-dire qu'il permet qu'ils « changent de mains ».

Ainsi le marché secondaire permet l'échange de titres (on parle de valeurs mobilières) notamment pour ceux qui souhaitent les revendre avant leur échéance sur un marché organisé.

Il permet également **la fixation d'un prix** pour ces titres appelé le cours. Celui-ci dépend de la demande et de l'offre des titres, qui elles-mêmes dépendent des anticipations des agents notamment sur les profits et les dividendes.

Le marché secondaire contribue également à **valoriser une entreprise** : la capitalisation boursière, qui correspond au nombre de titres multiplié par leur cours, permet ainsi d'estimer la valeur du capital de l'entreprise.

THEME 4 Le financement de l'économie

Chapitre 3 Les institutions financières et leur rôle

Schéma 17 Les formes de l'intermédiation financière

L'intermédiation financière représente la mise en place d'un intermédiaire dans la relation entre agents à besoin de financement (ABF) et agents à capacité de financement (ACF).

La plupart du temps, l'intermédiation financière est réalisée par les banques mais elle peut l'être aussi par d'autres institutions financières telles que les sociétés de crédit-bail, de crédit immobilier ou encore de vente à crédit (Cetelem, Sofinco, Cofinoga…).

Les banques

On distingue les activités de :

Banque de détail

C'est le métier traditionnel du banquier, de « l'agence de quartier », il consiste à collecter les dépôts, accorder des crédits et gérer les moyens de paiements.

Banque de financement et d'investissement (d'affaires)

Ces activités consistent à proposer des services aux entreprises (conseil en fusion acquisition, introduction en Bourse, montage de financements complexes, etc.) et aux Etats ainsi qu'à intervenir pour le compte de clients, et pour le compte de la banque, sur les marchés de capitaux.

Les autres institutions financières (établissements financiers non bancaires).

Contrairement aux banques qui peuvent réaliser un financement monétaire (prêter en créant de la monnaie) et non monétaire (prêter à partir de leurs ressources notamment les fonds propres apportés par les actionnaires), ces établissements ne peuvent réaliser qu'un financement non monétaire.

Le financement non monétaire

Les institutions financières réalisent un **financement non monétaire** : elles collectent l'épargne des ACF et proposent des crédits aux ABF.
On dit que les institutions financières réalisent une **opération de transformation financière** : elles prêtent de l'argent dont elles ne peuvent exiger immédiatement le remboursement (on dit que cet argent est « illiquide ») en utilisant des dépôts que les personnes les ayant effectués peuvent exiger dans de brefs délais (on dit que cet argent est « liquide »).
Les institutions financières transforment des passifs liquides en actifs illiquides et on appelle cela de l'**intermédiation de bilan.**
Ainsi, toute la difficulté du métier du banquier est de prêter de l'argent que l'on peut lui réclamer à tout moment à des agents à qui il ne peut le réclamer à tout moment.

Le financement monétaire

Par ailleurs la spécificité des banques – et d'elles seules - est de pouvoir également réaliser **un financement monétaire.**

Le financement monétaire consiste en l'octroi d'un crédit par la banque par le jeu de la création monétaire.

Une banque n'est pas un vaste coffre-fort qui se contente de prêter ce qu'il reçoit, la banque prête en créant de la monnaie qui n'existait pas auparavant.

Le financement bancaire joue un **rôle de complémentarité** avec le financement par les marchés.
En effet bien que des efforts soient faits par les places boursières pour attirer les Pme, celles-ci n'ont souvent pas l'envergure financière pour se présenter sur les marchés et se tournent donc vers les banques.
De plus les risques d'être victime d'un rachat (d'une offre publique d'achat OPA) conduisent certaines entreprises à refuser de s'introduire en Bourse et à se tourner vers les banques pour leur financement.

THEME 4 Le financement de l'économie

Chapitre 3 Les institutions financières et leur rôle

Schéma 18 Les apports de l'intermédiation financière

Dans les économies de marché comme la nôtre, la forme d'échange la plus naturelle est **la rencontre directe entre vendeurs et acheteurs**, soit ici le financement par le marché où se rencontrent agents à besoin de financement (ABF) et agents à capacité de financement (ACF).

Toutefois si les **intermédiaires financiers** existent c'est bien évidemment parce qu'ils ont des **apports indéniables** et qu'ils permettent de dépasser les imperfections du marché.

Traditionnellement on reconnait que **l'intermédiation financière possède les avantages majeurs suivants :**

Elle réduit les coûts de transaction qu'imposerait le financement par le marché.

Les coûts de transaction sont **le temps et l'argent** dépensés par les ABF et ACF pour réaliser une transaction.

Trouver l'ABF (ou l'ACF) dont les besoins (ou capacités) sont compatibles avec les siennes peut en effet prendre du **temps**.

La banque en proposant des crédits ou des offres de placement à ses clients leur permet **d'économiser du temps**.

De plus la conclusion d'une transaction sur le marché, est coûteuse (**divers frais**).

Or en pratiquant régulièrement ces opérations, la banque réalise des **économies d'échelle** (= réduction du coût unitaire de production lié à la hausse des quantités produites) dont elle fait bénéficier ses clients.

Elle réduit les risques liés aux transactions sur les marchés financiers.

Quand un ACF prête à un ABF, il subit un **risque d'insolvabilité**, c'est-à-dire de ne jamais être remboursé car il ne connait pas la situation financière exacte de l'ABF (on dit qu'il y a une **asymétrie d'information** entre ABF et ACF) et n'est pas capable de l'analyser.
Au contraire la banque connait ces risques, c'est son métier de les analyser, donc elle **réduit les asymétries d'information** entre ACF et ABF.

De plus, en étant en relation avec de nombreux agents, la banque peut permettre à ses clients de **diversifier leurs placements, ce qui contribue également à réduire les risques**.

THEME 4 Le financement de l'économie

Chapitre 3 Les institutions financières et leur rôle

Schéma 19 La création monétaire et son contrôle en 6 étapes

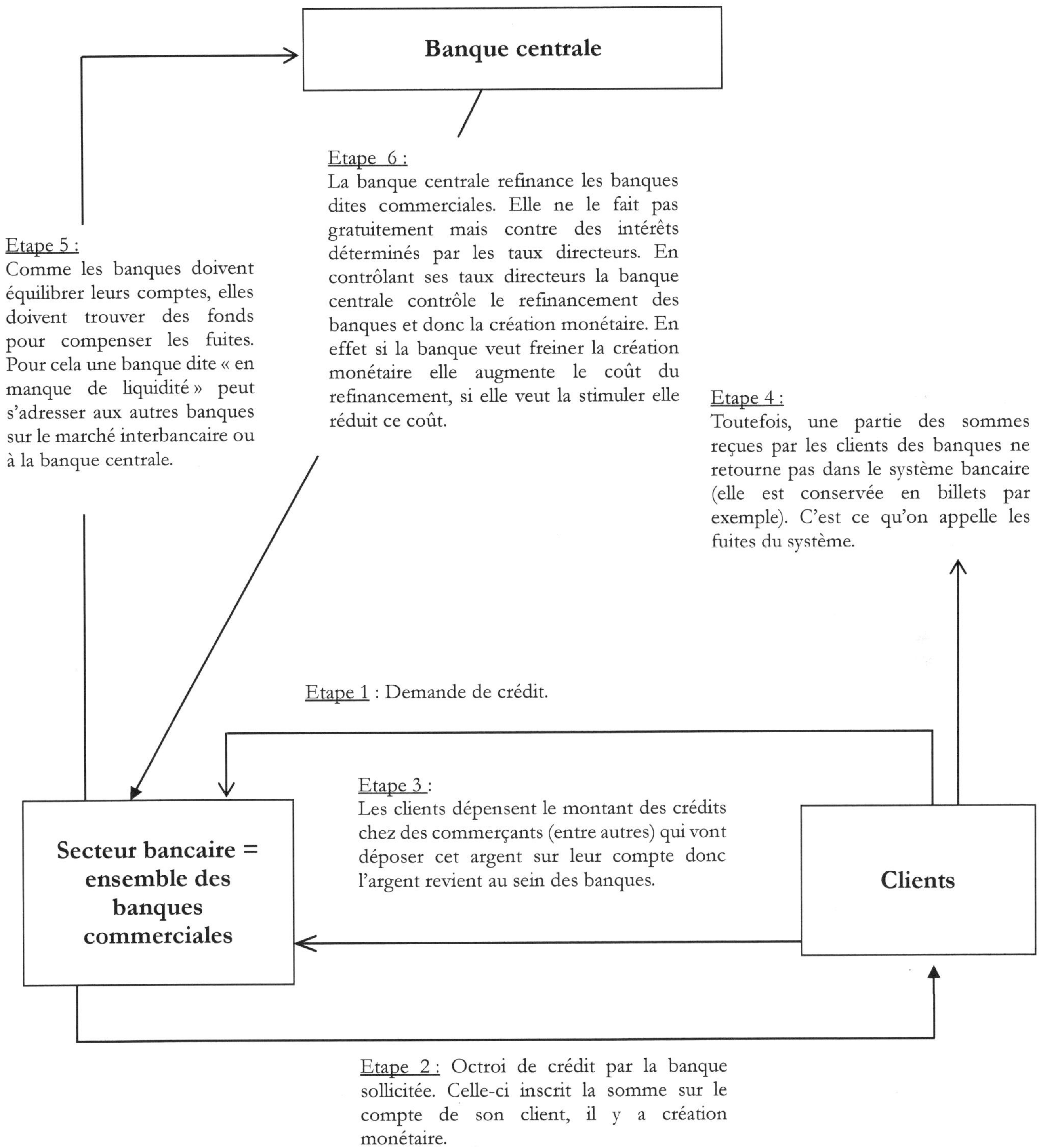

<u>THEME 4 Le financement de l'économie</u>

Chapitre 3 Les institutions financières et leur rôle

Schéma 20 L'évolution des activités des banques : intermédiation de bilan et intermédiation de marché

Jusqu'au milieu des années 80, l'essentiel du financement de l'économie française était assuré par les banques.

L'économie française était une économie basée sur la finance indirecte, une **économie intermédiée**.

Elles jouaient leur rôle traditionnel **de banque de détail** en pratiquant **l'intermédiation de bilan.**

Mi-80's, **rupture** et volonté des Etats de favoriser la finance directe c'est-à-dire le financement par le marché.

Les banques ont alors su faire évoluer leur métier : puisque leurs clients ABF préfèrent se financer en émettant des actions, elles allaient leur en acheter et puisque leurs clients ACF préfèrent placer leur épargne en actions (ou plus généralement sur les marchés), elles allaient leur en vendre.
Les banques ont ainsi pratiqué **l'intermédiation de marché** (en complément de leurs activités traditionnelles) et sont devenues des acteurs majeurs des marchés financiers.

Années 1980 | Années 1990 | Années 2000 et 2010

Les banques ont eu alors de grosses difficultés, leur rentabilité s'est effondrée car leurs clients préféraient se financer et placer leur épargne sur les marchés financiers.

Désormais les banques sont **multispécialisées,** elles pratiquent l'intermédiation de bilan, l'intermédiation de marché et ont développé des activités génératrices de commissions (assurance).

De telles banques sont appelées des **banques universelles**.

Toutefois les risques pris sur les activités d'intermédiation de marché risquent de mettre en danger les clients de l'intermédiation de bilan, à tel point que certains économistes suggèrent de **séparer les banques** en distinguant les banques pratiquant l'intermédiation de bilan (banques de détail) et celles pratiquant l'intermédiation de marché (banques d'affaires ou banques de financement et d'investissement).

THEME 4 Le financement de l'économie

Chapitre 4 La globalisation financière et l'efficacité du financement international des activités économiques

Schéma 21 La globalisation financière : définition, bénéfices et risques.

La globalisation financière c'est la mise en place à l'échelle de la planète d'un vaste marché unifié des capitaux (« lieu » d'échange d'argent contre des titres financiers tels que les actions, les obligations…) fonctionnant 24h/24.
Caractérisée par une grande mobilité internationale des capitaux, elle a été permise par :

Le décloisonnement

Les frontières géographiques entre marchés mais aussi en matière d'échéance à l'intérieur des marchés (court, moyen et long terme) ont été supprimées.

La déréglementation

Les règles (notamment celles qui cloisonnaient les marchés mais aussi celles qui limitaient les échanges financiers internationaux) ont été assouplies voire supprimées.

La désintermédiation

Les agents économiques ont eu de moins en moins recours aux intermédiaires financiers pour se financer et se sont adressés aux marchés financiers.

Ces 3 éléments sont connus sous l'appellation des 3 D

N'oublions pas le formidable **développement des moyens d'information et de communication** (TIC) qui permet des échanges quasi instantanés à l'échelle de la planète.

Les bénéfices escomptés de la globalisation financière

Une réduction du coût du financement pour les ABF, par la mise en concurrence sur un seul marché planétaire des différents apporteurs de capitaux.

Une réduction des risques : les ACF peuvent diversifier leurs placements sur un marché plus vaste.

Une meilleure allocation (c'est-à-dire une répartition) **mondiale des capitaux**.
En effet un marché plus vaste devait permettre aux ABF de trouver plus facilement les fonds dont ils ont besoin.

Les risques accrus de la globalisation financière : la propagation mondiale des crises

La globalisation financière implique la mise en relation de tous les acteurs de la finance mondiale puisque le marché est unifié. Ainsi, si un de ces acteurs connait des difficultés, cela peut se propager aux autres et donc à tout le système (= **effet domino ou encore risque systémique**) et cela d'autant plus que :

- les acteurs font preuve de **mimétisme** dans leurs comportements (ils vont tous dans le même sens ce qui accroit le déséquilibre)
- ils prennent **davantage de risques** (en espérant davantage de gains) car le marché est devenu plus difficile à contrôler et ne parvient pas à limiter les comportements risqués.

THEME 5 La politique économique dans un cadre européen

Chapitre 1 L'appréciation de la situation économique

Schéma 22 La situation économique et son appréciation par les agents économiques

Divers organismes nationaux ou internationaux (INSEE, Banque Centrale Européenne, FMI, OCDE, Eurostat, etc.) proposent une **appréciation de la situation économique** d'un pays (ou région, groupe de pays, etc.)

↓

Un certain nombre d'**informations chiffrées** (on parle de **variables économiques**) est mesuré et ce à deux niveaux :

Au niveau conjoncturel

Les variables observées sont des variables de **court terme**, **susceptibles de varier très rapidement**.

Exemples : le taux de chômage, le taux d'inflation, le déficit public, le taux de croissance…

Au niveau structurel

Les variables sont des variables de **long terme** qui correspondent aux fondements économiques et sociaux de la nation (état de la population, du système productif, des ressources naturelles, etc.)

Exemples : Espérance de vie, population, niveau d'éducation, ressources naturelles, état du système productif (usines, etc.)

Les deux dimensions sont liées : la succession de mauvaises performances conjoncturelles peut par exemple affaiblir les structures de l'économie, inversement des structures peu solides ont peu de chance de permettre de bonnes performances conjoncturelles.

↓

L'appréciation de la situation influence le comportement des agents économiques :

Les ménages font des choix (des arbitrages) entre la consommation et l'épargne par exemple.

Les entreprises font des choix en matière d'embauche, d'investissement et de production.

Les Etats font des choix en matière de politique économique.

THEME 5 La politique économique dans un cadre européen

Chapitre 2 Les politiques économiques

Schéma 23 Les objectifs des politiques économiques

La politique économique désigne l'ensemble des interventions de l'Etat dans l'économie afin de corriger les déséquilibres conjoncturels et structurels.

On distingue :

La politique conjoncturelle

Elle agit sur le court terme afin de corriger les déséquilibres dans un cadre institutionnel donné.

Objectifs

- Un taux d'inflation au plus bas
- Un taux de chômage au plus bas
- Un taux de croissance du PIB au plus haut
- Un solde du commerce extérieur (la différence entre les exportations et les importations) équilibré ou excédentaire.

Ces objectifs sont repris par N. Kaldor dans le « carré magique ».

Types de politique

On trouve notamment :

- la politique budgétaire
- la politique monétaire

La politique structurelle

Elle agit sur le long terme en modifiant le cadre institutionnel, elle porte sur les fondements-mêmes de la société.

Objectifs

- assurer une croissance forte et durable (en prenant en compte les effets de la croissance sur l'environnement)
- minimiser les inégalités sociales.

Types de politique (au niveau européen)

- Politique sociale
- Politique de l'environnement
- Politique de la concurrence
- Politique agricole commune (PAC)
- Politique industrielle

THEME 5 La politique économique dans un cadre européen

Chapitre 2 Les politiques économiques

Schéma 24 La politique budgétaire

La politique budgétaire est l'action de l'Etat sur la demande, par l'intermédiaire de son budget (ses recettes et ses dépenses), afin d'agir sur la croissance, le chômage et l'inflation.
On distingue :

La politique de relance

D'inspiration keynésienne, elle consiste en une **augmentation des dépenses de l'Etat** ou **une réduction de ses recettes** pour stimuler la consommation et l'investissement donc la demande et donc la production et au final **la croissance et l'emploi**.

Elle s'appuie sur le **principe du multiplicateur.**

Notons toutefois que la hausse de la demande risque de se traduire par de l'inflation.

La politique de rigueur

Elle consiste pour l'Etat à **réduire ses dépenses et à augmenter ses recettes** pour réduire la demande.

Traditionnellement son objectif est de **réduire l'inflation**, aujourd'hui elle vise surtout à **réduire l'endettement de l'Etat**.

Schématiquement la politique de relance budgétaire se présente ainsi :

Une hausse de l'investissement de l'Etat génère une hausse plus que proportionnelle de la production = **effet multiplicateur**

↗ des dépenses de l'Etat (↗ de ses investissements ou des aides distribuées aux ménages et entreprises)

↘ des recettes de l'Etat (↘ de ses investissements ou des impôts et cotisations)

⇒ **↗ de la consommation** / **↗ de l'investissement**

⇒ **↗ de la demande globale et de la demande effective**

⇒ **↗ de la production (=croissance), de l'emploi** ***<u>mais problème : ↗ des prix (=inflation)</u>***

Schématiquement la politique de rigueur budgétaire se présente ainsi :

↘ des dépenses de l'Etat

↗ des recettes de l'Etat

⇒ **↘ de la consommation** / **↘ de l'investissement**

⇒ **↘ de la demande globale et de la demande effective**

⇒ **↘ des prix** ***<u>mais problème : ↘ de la production et de l'emploi</u>***

THEME 5 La politique économique dans un cadre européen

Chapitre 2 Les politiques économiques

Schéma 25 Les limites de la politique budgétaire

L'efficacité de la politique budgétaire connaît des limites :

Limites traditionnelles

Limites 1 & 2 : Les anticipations des agents

- si les individus anticipent qu'une politique de relance budgétaire implique une hausse future des impôts, ils ne vont pas consommer mais épargner pour payer ces futurs impôts et donc la relance n'aura pas lieu (puisqu'ils n'auront pas consommé plus). (= **théorème de Ricardo-Barro**).
- selon le **modèle des anticipations rationnelles**, les individus savent qu'une politique de relance génère de l'inflation donc baisse leur pouvoir d'achat. Face à cette baisse, ils vont moins consommer donc la politique de relance sera inefficace.

Limite 3 : L'effet d'éviction

Pour financer le déficit provoqué par sa politique budgétaire de relance, l'Etat emprunte des fonds qui ne seront donc plus disponibles pour les entreprises privées. Celles-ci seront alors en difficulté pour financer leur développement économique.

Limite 4 : La désincitation au travail et à la production

Si l'Etat finance son déficit par l'impôt, il peut décourager les contribuables qui pourront préférer moins travailler pour payer moins d'impôts voire s'expatrier (délocalisation) ce qui réduit la production et la croissance économique réalisée sur le territoire national.

Limite 5 : L'économie ouverte

Si le surcroît de demande s'adresse à des produits importés, l'effet de relance pour le pays est réduit voire nul.

Limite liée à l'appartenance à l'Union européenne

Le Pacte de Stabilité et de Croissance (PSC-1997) impose aux pays de la zone euro un **déficit public** (différence entre les recettes et dépenses de l'Etat, des administrations locales et des administrations de sécurité sociale, sur une année) inférieur à 3% du PIB et une **dette publique** (somme de tout ce que doivent l'Etat, les administrations locales et les administrations de sécurité sociale) inférieure à 60% du PIB.

↓

Le but est de faire en sorte que les Etats restent solvables, on dit que leur dette doit rester « soutenable ».
Il ne faut pas que la dette provoque un « effet boule de neige », c'est à dire que les intérêts à rembourser ne puissent plus être couverts par des recettes à venir et imposent aux Etats d'emprunter à nouveau, ce qui générera de nouveaux intérêts impossibles à payer sans un nouvel emprunt et ainsi de suite.

↓

Le traité sur la stabilité, la coordination et la gouvernance (TSCG - 2012) réaffirme cette contrainte en instaurant la **règle d'or** par laquelle les Etats s'engagent à présenter un budget structurel équilibré ou excédentaire sur un cycle donné.

Accusée par ses détracteurs de casser la croissance, **la politique de rigueur (ou d'austérité)** qu'impose la règle d'or trouve des vertus aux yeux de certains économistes (libéraux). Admettant qu'elle est difficile à supporter à court terme, ils soutiennent qu'elle est bénéfique à long terme pour l'économie car elle assainie la situation des finances publiques et incite les entreprises à prendre des initiatives et à innover (puisqu'elles peuvent compter sur un soutien moindre de l'Etat).

THEME 5 La politique économique dans un cadre européen
Chapitre 2 Les politiques économiques
Schéma 26 La politique monétaire

La politique monétaire est l'action de la banque centrale (BC) sur la quantité de monnaie en circulation dans l'économie (la masse monétaire) et son prix (le taux d'intérêt) pour agir sur les objectifs du carré magique (inflation, croissance, emploi et commerce extérieur). On distingue :

La politique d'expansion

Objectif

Soutenir la demande pour générer de la croissance économique.

Mécanisme

La BC augmente la quantité de monnaie dans l'économie ou baisse ses taux directeurs (le coût du refinancement des banques).
Les banques se refinançant (c'est-à-dire allant chercher l'argent qui leur manque du fait des fuites) « à moins cher » auprès de la BC, elles peuvent répercuter cette baisse sur les tarifs qu'elles proposent à leurs clients.
Cela attire davantage de clients qui font des crédits pour consommer et/ou investir.
La consommation et/ou l'investissement augmentent donc, la demande et donc la production également (= croissance économique).

Toutefois l'accroissement de la demande tend à augmenter les prix (inflation).

La politique de rigueur

Objectif

Ralentir la demande pour maîtriser la hausse des prix.

Mécanisme

La BC réduit la quantité de monnaie dans l'économie ou augmente ses taux directeurs.
Les banques répercutent la hausse du coût de leurs ressources sur leurs clients qui demandent moins de crédits.
Ils consomment et/ou investissent alors moins, ce qui freine la demande et donc la hausse des prix.
La maîtrise des prix devant ensuite rendre l'économie compétitive et permettre le redémarrage de la demande.

Toutefois le ralentissement de la demande freine la croissance et l'emploi.

Schématiquement, la politique monétaire expansionniste fonctionne ainsi :

↗ de la masse monétaire
↘ des taux d'intérêt (taux directeurs)
⇨ ↘ du coût du refinancement des banques
⇨ ↘ des tarifs des crédits des banques
⇨ ↗ des crédits accordés et donc ↗ de la consommation et de l'investissement donc de la demande
⇨ ↗ production (croissance) *mais problème : ↗ des prix*

Schématiquement, la politique monétaire de rigueur fonctionne ainsi :

↘ de la masse monétaire
↗ des taux d'intérêt (taux directeurs)
⇨ ↗ du coût du refinancement des banques
⇨ ↗ des tarifs des crédits des banques
⇨ ↘ des crédits accordés et donc ↘ de la consommation et de l'investissement donc de la demande
⇨ ↘ des prix *mais problème : ↘ de la croissance*

THEME 5 La politique économique dans un cadre européen

Chapitre 2 Les politiques économiques

Schéma 27 Les limites de la politique monétaire

La politique monétaire connaît des limites/des contraintes

Limite 1 : La difficile et nécessaire crédibilité de la banque centrale (BC)

Si la BC veut stimuler la croissance et l'emploi, elle va mener une politique monétaire d'expansion (de relance) c'est à dire de baisse des taux d'intérêts.
Toutefois une telle politique va provoquer de l'inflation qui diminue le pouvoir d'achat.

Pour éviter cette baisse de pouvoir d'achat, les agents économiques demandent alors des hausses de salaire et des hausses de la rémunération de leurs investissements (taux d'intérêt).
Cela freine alors l'embauche et l'investissement.

→ La BC doit donc mentir aux agents économiques : annoncer qu'elle mènera une politique de rigueur pour contenir leurs revendications puis mener une politique de relance qui, alors, s'avèrera efficace.
Toutefois, si les agents économiques savent que la BC ment, ils vont demander des hausses de rémunérations, ce qui finalement rend la politique monétaire inefficace.

→ La solution est que la BC annonce que son objectif est la maîtrise des prix (lutte contre l'inflation) et qu'elle ne soit pas suspectée de mentir, c'est-à-dire qu'elle soit crédible.

Pour cela l'une des solutions possibles est de rendre la BC indépendante du pouvoir politique (c'est ce qu'a fait la banque centrale européenne (BCE)).

Limite 2 : Le triangle des incompatibilités de Mundell

R. Mundell a montré qu'il était impossible pour un pays d'avoir en même temps :

- Un taux de change de sa monnaie stable (ce qui est un atout pour un pays),
- Un accès à tous les marchés financiers (libre circulation des capitaux),
- Une politique monétaire autonome (qui lui permet d'agir selon ses besoins : relance ou rigueur).

Seuls deux des trois objectifs sont possibles.
Or la globalisation financière implique la libre circulation des capitaux, donc pour maintenir des taux de change relativement stables, les BC perdent l'autonomie de leur politique monétaire c'est à dire qu'elles ne font pas ce qu'elles veulent en matière de taux d'intérêt.
Au contraire si elles décident de leur taux d'intérêt elles subissent les fluctuations du taux de change.

Limite 3 : L'élasticité de la consommation et de l'investissement au taux d'intérêt

L'efficacité de la politique monétaire est liée à la sensibilité (en économie on parle d'élasticité) des décisions d'investissement et de consommation aux taux d'intérêt.

→ Une baisse des taux d'intérêt peut avoir un faible impact sur l'investissement et donc sur la croissance.
Cela peut être le cas si les agents économiques estiment que le niveau des impôts n'incite pas à l'investissement.

THEME 5 La politique économique dans un cadre européen
Chapitre 2 Les politiques économiques
Schéma 28 La politique structurelle

La politique structurelle est une politique de long terme qui modifie les structures de l'économie.

Ses objectifs sont traditionnellement :
- assurer une croissance forte et durable (en prenant en compte les effets de la croissance sur l'environnement),
- minimiser les inégalités sociales.

↓

Au niveau européen, la politique structurelle a été définie par la **stratégie Europe 2020** en mars 2010 et ce pour 10 ans. Elle s'appuie sur 3 priorités :

- **Développer une économie basée sur la connaissance et l'innovation**. Les efforts porteront sur les politiques de R&D ou encore d'éducation.
- **Promouvoir une économie renouvelable, plus verte et plus compétitive et une croissance inclusive** (c'est-à-dire qui évite l'exclusion).
- **Soutenir une économie créatrice d'emplois, de cohésion sociale et territoriale.**

Cette stratégie s'inscrit dans une volonté historique des autorités européennes de promouvoir la concurrence et le libre fonctionnement des marchés.

La promotion de la concurrence est le moyen retenu par le conseil européen pour rendre l'économie européenne plus compétitive par la baisse des prix (compétitivité prix) et la stimulation de l'innovation (compétitivité hors-prix) qu'elle implique.

L'Etat se retire donc de nombreux secteurs (ou renonce à son monopole) et laisse fonctionner librement le marché (sous le contrôle tout de même d'une autorité de régulation indépendante pour éviter les abus). On parle de la libéralisation des marchés.

<u>Exemples de marchés concernés</u> : les télécommunications, le transport ferroviaire, l'électricité, le courrier …

↓

Outre la politique de la concurrence, l'Union européenne (UE) a défini :

- Une **politique de cohésion régionale** ayant pour but de réduire les écarts de développement entre les régions de l'UE.
- Une **politique agricole commune (PAC)** qui a pour objectif de promouvoir et défendre l'agriculture européenne.
- Une **politique de l'environnement** destinée à la promotion d'une économie responsable et plus verte.
- Une **politique sociale** censée promouvoir l'emploi et atténuer les conséquences des délocalisations d'entreprises.

THEME 6 La gouvernance de l'économie mondiale

Chapitre 1 La régulation du marché mondial des biens et services

Schéma 29 La libéralisation du commerce mondial

La libéralisation du commerce mondial tend à instaurer le libre-échange au détriment du protectionnisme.

Le libre-échange correspond à la circulation sans restriction des biens et services sur la planète (pour les capitaux on parle de globalisation financière).

Le protectionnisme vise à favoriser la production nationale au détriment de la production importée par l'imposition de barrières tarifaires (taxes) ou non tarifaires (quotas, normes, etc.) aux importations et/ou le versement de subventions aux exportations

On reconnait certains avantages au processus de libéralisation des économies

L'augmentation de la croissance mondiale

Smith (1776) et Ricardo (1817) ont montré que chaque pays gagne à se spécialiser dans les domaines où il excelle (ce qui lui permet de produire plus) et à ensuite échanger avec les autres pays ce qu'il sait faire contre ce qu'il ne sait pas faire.

La production mondiale augmente donc grâce à la spécialisation et à l'échange international, ceci signifie davantage de croissance mondiale.

Le rattrapage des pays les moins avancés.

Selon la théorie HOS (1941), la spécialisation internationale va faire converger les coûts des facteurs de production (salaires et taux d'intérêt) à l'échelle de la planète.

Les salaires devraient ainsi augmenter au sein des pays en développement permettant à leur population de consommer davantage ce qui est un facteur de croissance.

Dans les années 1980, Paul Krugman propose une synthèse contemporaine en identifiant 3 effets :

Effet de dimension

Les entreprises de chaque nation produisent en plus grande quantité (car les marchés sont mondiaux) ce qui offre des avantages comme les économies d'échelle (les coûts unitaires de production diminuent parce qu'on produit davantage).

Effet de diversification

Le consommateur peut profiter d'un nombre plus important de produits pour satisfaire un même besoin.

Effet de concurrence

Le consommateur peut bénéficier de prix bas grâce à la concurrence internationale.

THEME 6 La gouvernance de l'économie mondiale
Chapitre 1 La régulation du marché mondial des biens et services
Schéma 30 L'organisation mondiale du commerce

Les bénéfices attendus du processus de **libéralisation du commerce mondial** peuvent inciter les pays à adopter un comportement de **passager clandestin.**

Un pays peut être tenté **d'annoncer qu'il pratique le libre-échange** pour que les autres pays ouvrent leurs frontières à ses exportations, ce qui profite à ses entreprises …

… et dans le même temps **instaurer des mesures protectionnistes** pour protéger ses entreprises de la concurrence étrangère.

Pour éviter cela, il faut donc une coordination internationale

Elle est assurée depuis 1995 par **l'Organisation Mondiale du Commerce (OMC)** qui est une instance internationale chargée de réguler les échanges mondiaux et qui succède au GATT (Accord Général sur les Tarifs et le Commerce).

Principes de fonctionnement

L'OMC recherche une plus grande liberté et une plus grande équité pour le commerce mondial.

Elle s'appuie sur des règles négociées entre les pays membres qui s'appliquent à tous (multilatéralisme). Ainsi la clause de la Nation la plus favorisée étend à tous les pays membres un avantage commercial consenti à l'un d'entre eux.

Par ailleurs, par souci d'équité, l'OMC peut accepter certaines exceptions aux règles. Ainsi les clauses de sauvegarde permettent à un pays de suspendre tout ou partie de l'application d'un traité auquel il a adhéré.

L'existence d'un arbitre

Les règles de l'OMC naissent également de la jurisprudence de l'Organe de Règlement des Différends (ORD).

Véritable arbitre des litiges commerciaux internationaux, l'ORD peut être saisi par un pays qui s'estime victime d'un manquement aux règles de l'OMC et peut, le cas échéant, sanctionner le ou les pays fautif(s).

Les difficultés rencontrées par l'OMC

L'OMC recherche un **consensus** entre ses 162 pays membres or celui-ci est très difficile à obtenir. Cela constitue un frein en cas de désaccord profond entre les pays voire conduit à une situation de blocage.

De plus, **l'OMC est défiée dans son autorité** par les accords bilatéraux signés par des pays ou groupes de pays entre eux en opposition à la règle du multilatéralisme.

THEME 6 La gouvernance de l'économie mondiale

Chapitre 2 La coopération internationale, une offre de biens publics mondiaux

Schéma 31 La notion de bien public mondial

Les biens publics possèdent deux caractéristiques

La non-rivalité

Un bien (ou service) est non-rival lorsque sa consommation par un individu n'empêche pas la consommation du même bien par un autre individu.

Exemple : Un trajet en autoroute.

Ce n'est pas parce que vous êtes sur l'autoroute que cela empêche d'autres automobilistes d'y être (sauf cas de saturation lors de départs massifs en vacances par exemple).

La non-exclusion

Un bien (ou service) est non-exclusif quand on ne peut pas empêcher les individus d'avoir accès au bien (ou service).

Exemple : Le feu d'artifice du 14 juillet.

On ne peut pas empêcher certains spectateurs de regarder le feu d'artifice et autoriser d'autres à le faire.

Si le bien public possède ces deux caractéristiques, il est dit **« pur »**, s'il n'en possède qu'une, il est dit **« impur »**.

Par ailleurs, selon **Kindleberger**, certains de ces biens publics peuvent être accessibles à tous les individus à l'échelle de la planète et non plus ne concerner que quelques individus localement (**dimension géographique**).

De plus, les effets de ces biens se transmettent dans le temps (**dimension temporelle**).

Exemple :
La disparition d'une maladie profite à tous sur la planète et aux générations futures.

Les biens qui possèdent toutes ces caractéristiques sont des biens publics mondiaux

Exemples :
La stabilité monétaire, la stabilité financière, la santé, la protection de l'environnement, la biodiversité, la connaissance scientifique (non protégée par des brevets) ….

THEME 6 La gouvernance de l'économie mondiale

Chapitre 2 La coopération internationale, une offre de biens publics mondiaux

Schéma 32 La gestion d'un bien public mondial

Un bien public génère des **externalités**, c'est-à-dire qu'il cause des torts (**externalité négative**) ou rend service (**externalité positive**) à autrui sans contrepartie monétaire, sans paiement c'est-à-dire sans que celui qui cause le tort paie ou celui qui reçoit le service soit obligé de payer.

Cette particularité encourage les comportements de **passager clandestin** : pourquoi payer pour un bien si on n'est pas obligé de le faire ?

De fait les biens publics générant des externalités positives risquent d'être moins produits puisque ceux qui les produisent peuvent être découragés par les comportements de passager clandestin.

Le **marché** est donc défaillant.

↓

La solution est donc que **l'Etat prenne en charge** la production des biens publics ou l'indemnisation de ceux qui les produisent (en se finançant ensuite par l'impôt).

↓

Mais **les biens publics mondiaux posent un problème** dans le sens où les Etats eux-mêmes ont intérêt à jouer les passagers clandestins et ne pas produire le bien tout en en profitant.

Pour un bien public mondial il y a donc double défaillance, celle du marché (comme pour un bien public classique) et celle de l'Etat.

Comment faire alors pour produire ces biens publics mondiaux ?

Les nations s'entendent pour coopérer en termes de production et signent pour cela des **protocoles internationaux.**

Exemple : Protocole de Kyoto sur la stabilité climatique…

↓

Le **problème** est qu'il faut trouver un consensus, c'est-à-dire un accord acceptable par tous, ce qui n'est pas simple.

Les Etats délèguent la gestion des biens publics mondiaux à une **institution internationale**.

Exemples : OMC, Organisation Mondiale de la Santé (OMS)…

↓

Problèmes de légitimité, de reconnaissance et de financement de ces institutions.

Les Nations instaurent **un marché** dont le fonctionnement va inciter un comportement vertueux.

Exemple : Marché des droits à polluer…

↓

Le **problème** est que certains phénomènes sur le marché (fraude, spéculation ou évolution des prix) peuvent le rendre moins incitatif voire désincitatif.

Index

A

B

C

D

E

N - O

P

R

S

T

U - V

20016756R00027

Printed in Poland
by Amazon Fulfillment
Poland Sp. z o.o., Wrocław